잘 될 거야
같은 소리 하네

▝ 이 책의 모든 내용은 저작권법의 보호를 받습니다.
저자 및 출판사의 동의 없이 무단으로 복제하거나 배포할 수 없습니다.
© 정각, 2025 All rights reserved.

잘 될 거야
같은 소리 하네

정각 지음

**들어가는 글 _**

 유복하고 행복한 집에 태어난 줄 알았는데, 뒤돌아보니 마냥 그렇지만은 않았던 유년 시절이었다. 한번도 열어 보지 못한 마음을 여는데는 꽤 오랜 시간이 걸렸다. 그래서인지 10대는 나르시시즘에 빠져 있었던 듯 하고, 20대 초반은 '천재는 일찍 죽는다'라는 정신나간 생각에 허송세월로 보냈다. (진짜 내가 천재라서 25살에 죽는 줄 알았다.) 그러다 한 친구를 만나 세상에 발을 내딛었다. 그 친구 덕분에 20대 후반부터는 조금의 슬픔과 많은 속상함들, 그리고 꽤 고단함이 있었지만 그에 대한 보상은 지금 조금이나마 받고 있지 않나 싶다.


 쓰레기같은 성적으로 대학 졸업 후, 매일 방구석에서 라면 먹으며 게임이나 하던 꿈도 희망도 없는 놈이었다. 사회에 첫 발을 내딛었을 때 받아준 곳은 바퀴벌레가 드글드글한 3평 남짓 원룸이었다. 그 마저도 월세 낼 돈이 없어 동생에게 빌려서 냈다. 목표도 없고 주변에 조언 줄 사람도 없는 터라, 그냥 남들이 하는 만큼 하루하루 생각 없이 살아갔다. 만약 그 때 친구의 조언을 듣지 않았다면 지금의 나는 여전히 시골 촌동네의 뭘 하고 살지도 모르겠는 월급쟁이로 살아가고 있을 지도 모른다.

최근, 가까운 후배와 이야기 하던 도중 내가 이런 이야기를 하였다. "20대 초에 인생을 낭비하고 있을 때, 주변에 옳은 말을 해주는 어른이 하나도 없었다." 그래서 이 책을 쓰게 되었다.

이 책을 쓰는 의도는 명확하다. 읽다 보면 굉장히 시건방져 보일 수 있겠지만 누군가에겐 문제 해결의 실마리가, 누군가에겐 아이디어가, 누군가에겐 오기와 독기를 심어줄 수 있다면 의도가 제대로 전달된 것이다.

인생은 힘들다. 그러나 인생은 원래 힘든 것이니, 이것은 '얼음은 차다'와 같은 정도로 이해하면 된다. (가끔 힘들지 않은 사람을 보면 그냥 부럽다.) 세상은 언제나 우리에게 시련을 줄 것이고, 우리는 언제나 넘어설 것이고, 넘어서야 한다. 중국 속담 중 '위에서 정책이 있으면, 밑에는 대책이 있다.'는 말이 있는데, 정말 좋아하는 속담이다.

사람들은 내가 굉장히 세상을 부정적으로 보는 줄 아는데, 부정적으로 세상을 보는 것이 아니라 현실을 냉정하게 보는 것이다. 실천 없이 잘 될거라는 믿음, 노력 없는 공허한 망상적 목표가 세상을 살아가면서 내 성공의 %를 얼마나 더 높여줄 수 있을지는 의문이다. 노력을 죽어라 해도 알 수 없는게 세상의 일이다. 다만 나는 실천 없는 믿음에 단호히 '안돼'라고 하는 것이지, 모든 것에 반대하지는 않는다. 과정과, 목표와, 의지를 가진 사람에게는 무한한 응원을 하기도 한다.

생각해보니, 어디 건방지게 뭐하는지도 모르는 놈이 인생과 성공을 운운하느냐고 생각할 수도 있겠지만, 이 책은 자서전이 아니니 내 과거에 대해 설명할 필요는 없다고 생각한다. 다만 성공을 논하려면 가장 만만한 연봉을 공개해야 하는데, 내 연봉은 전국에서 단 4명만 알고 있기 때문에 밝히기 곤란한 점 양해 부탁드린다. 그리고 연봉은 까여봐야 곤란한 일만 늘어난다.

다만 말해 줄 수 있는 것은(역시 다 말해주긴 어렵지만), 앞서 말한 바퀴벌레 드글한 원룸에서 인생을 시작할 때 내가 가지고 있었던 것들이다. 내가 신청하지 않은 부모 명의로 된 수억의 빚, 암 투병중인 어머니, 모 방송국에서 공부는 잘하지만 집이 가난하여 학업을 이어가기 어려운 친구들을 찾아 내는 다큐멘터리 제의, 동생에게 빌린 원룸 보증금 100만원 등이다.

세상엔 나보다 더 어려운 상황에 처한 사람들이 많다. 그리고 나보다 더 양적이든 질적이든 더 많이 노력한 사람도 있고, 나보다 더 많은 재능을 가진 사람들도 있다. 그렇다고 그 사람들이 나보다 무조건 잘 된다는 보장이 없다. 반면에 재능이라곤 1도 없으며, 노력이라곤 해보지 않은 입만 산 사람들이 나보다 훨씬 더 잘 사는 경우도 많다. 인생은 운이다.

그러나 노력 없이 잘 사는 운은 거의 타고나기가 힘들고, 노력한 만큼 결과가 나오는 것만 해도 큰 운이다. 다행히 나는 그 운은 가지고 태어났다고 생각한다. 그러나 운이 언제 우리에게 주어질 지는 모른다. 그걸 모르기 때문에 우리는 운을 받을 준비를 하고 있어야 하는데, 그 중 대표적인 것이 노력이다. 재밌게도, 운명(Destiny)과 운(Lucky)은 둘 다 운(運)이라는 같은 한자를 쓴다.

생각나서 쓰는 말이지만, 내가 봐도 좀 날카로운(혹은 신나게 공격받을 만한) 말들은 천번 만번을 고민하며 빼버렸다. 정말 아쉽다. 이 책이 잘 되면 매운 맛 버전을 써보겠다.

마지막으로 이 책이 나오기까지, 나를 세상에서 살아남을 수 있게, 또 올바르게 자랄 수 있게 도와준 모든 이들에게 감사를 표한다. 나의 무지와 오해로, 또는 욕심으로 인해 생긴 갈등과 번뇌가 있다면 그대들이 성장하는데 보탬이 되었으면 한다. 내가 주었던 고통과 슬픔이 있다면, 잊혀져 다시는 아프지 않았으면 한다. 그럼에도 불구하고 남은 것이 있다면 속죄할 수 있도록 노력할테니, 이번 생에서 서로 용서하고 부디 다음 생에는 더 좋은 인연으로 만났으면 한다.

항상 내 곁에 있어주는, 있어줄, 그리고 함께 즐거웠던 사람들에게 무한한 감사를 표한다.

2025년 봄
정각 올림

**차례 _**

들어가는 글 04

# I. 현실에 대하여 [ 19 ]

| | |
|---|---|
| 일이 술술 잘 풀린다는건 뭔가 잘못되었던 얘기다 | 20 |
| 학연, 지연, 혈연을 비판하는 사람은 그게 없는 사람들이다 | 21 |
| 뱀 머리보다는 용 꼬리가 낫다 | 22 |
| 우연에 의미 부여좀 하지마라 | 23 |
| 내가 무언가 특출난 능력이 있는데 세상이 날 몰라준다, 시기를 잘못탔다, 이딴 생각은 버려야 된다 | 24 |
| 우린 녹색 쭈구렁 완두콩이에요 | 25 |
| 정당한 대가를 받으려면 꽤 오래 부당하게 일해야 한다 | 26 |
| 워라밸, 욜로를 하는 놈들이 많을수록 내가 살아남을 확률이 높아진다 | 27 |
| 세상이 왜 널 배려하고 챙겨 줘야 되냐 | 28 |
| 다음 세상에 태어나면 미국 백인 부잣집 외동딸의 고양이로 태어나고 싶다 | 29 |

| | |
|---|---|
| 1936년 베를린 올림픽 마라톤에서 3등도 조선인이었다 | 30 |
| 가족이라고 다 챙길 순 없다 | 31 |
| 우물 안 개구리도 자기가 우물 안인지 모르면 괜찮다 | 32 |
| 내 마음대로 안되는게 내 마음대로 된다 | 33 |
| 역사를 20년 공부하고 깨달은 세 가지 | 34 |
| 인연에 집착하지 말라 하지만 노력은 하라 | 35 |
| 인맥은 행정을 능가한다 | 36 |
| 네가 받은 고통과 슬픔은 네가 용서 안하면 누가 하냐 | 37 |
| 조언은 대체로 지나고 나서야 그 진의를 깨닫는다 | 38 |
| 정치인들은 우리를 생각해주지 않는다 | 39 |
| 보통 안좋은 일은 한번에 다 일어난다 | 40 |
| 다 이길 순 없다 | 41 |
| 오늘의 네가 제일 싱싱하다 | 42 |
| 손절은 필요 없는 사람이 아니라 해가 되는 사람을 하는거다 | 43 |
| 정의가 승리하긴 하는데 언제일진 모른다 | 44 |
| 불 구경, 싸움 구경이 재밌긴 한데 내가 주인공이 될 필요는 없다 | 45 |
| 인생이란 그런 것<br>내 맘대로 되는건 없다는 것<br>나도 예외는 아니라는 것 | 46 |
| 어려운 일이 대부분 옳은 일이다 | 47 |
| 책임감과 사명감. 굉장히 싸거나 비싸거나 | 48 |
| 가장 힘들 때 해놓은 일이 나중에 가장 크게 도움이 된다 | 49 |

| | |
|---|---|
| 마르크스도 금수저 집안에 태어났다 | 50 |
| 여유 없는 쪽이 진다 | 51 |
| 세상은 생각보다 비효율적으로, 비합리적으로 돌아간다 | 52 |
| 나이를 먹는다는 것은 오롯이 자기 일에 책임을 지는 것이다 | 53 |
| 늦을수록 지금보다 더 많은 것을 포기해야 한다 | 54 |
| 중요하지 않은 때가 어딨냐 | 55 |
| 어릴 땐 이성한테 무릎 꿇어도 된다 | 56 |
| 무소유를 존경은 하지만 나는 안된다 | 57 |

## II. 성공에 대하여 [ 59 ]

| | |
|---|---|
| 노력한다고 다 잘되면 대한민국에 전부 손흥민이랑 김연아겠지 | 60 |
| 세상이 공평하다는 것은 소수의 성공한 사람들이 대중을 선동할때 하는 말이다 | 61 |
| 돈으로 다 되는건 아니지만 거의 다 된다 | 62 |
| 명절에 선물을 많이 받는 사람이 되세요 | 63 |
| 아프면 성장이라도 해야 덜 억울하다 | 64 |
| 돈만큼 가치 중립적인 것이 없다 | 65 |
| 위로 올라갈수록 고독하다 | 66 |
| 자만하지 않는다는 것이 자만하는 것이다 | 67 |

| | |
|---|---|
| 어렵다 하면 가만 있을거냐 | 68 |
| 맛집이라 해서 누구나 다 맛있다고 하진 않는다 | 69 |
| 내가 성공할지, 실패할지는 이미 정해져 있다<br>근데 우린 그걸 모른다. 그럼 가만히 있을텐가? | 70 |
| 돈에 귀천은 없다 | 71 |
| 이성적으로 행동하면 욕을 먹고<br>감정적으로 행동하면 일을 그르친다 | 72 |
| 실패의 책임에 대한 각오는 실제보다 부족하다 | 73 |
| 니 같으면 다 가르쳐 주겠냐 | 74 |
| 조공을 바치려면 티나는걸로 | 75 |
| 학연, 혈연, 지연 중에 혈연이 제일 쎄다 | 76 |
| 우리는 온실 속 잡초다 | 77 |
| 완벽한 계획은 없다. 적당히 되면 시작하라 | 78 |
| 부자의 곁에 있으라 하는데 부자는 왜 널 곁에 두어야하는가? | 79 |
| 안 될 놈은 남 탓을 하고 잘 될 놈은 남 덕을 칭찬한다 | 80 |
| 결과가 있어야 과정이 빛이 난다 | 81 |
| 워라밸은 성공한 후에 운운하는 것이다 | 82 |
| 공개된 정보는 정보가 아니다 | 83 |
| 배울려면 빨리<br>실패해 보려면 빨리<br>아파보는 것도 빨리 | 84 |
| 최고의 재테크는 돈을 많이 버는 것이다 | 85 |

| | |
|---|---|
| 남들이 하지 않는 것을 해야한다 | 86 |
| 빨리할 수 있는 일은 돈 쓰는거랑 망하는거 밖에 없다 | 87 |
| 돈이 많으면 실패 좀 해도 된다 | 88 |
| 본질을 잊지 마라 | 89 |
| 효율을 위한 비효율이 있어야 한다 | 90 |
| 꽃이 진 후에 봄인줄 알았으면<br>내년 봄도 마냥 기다리기만 할텐가? | 91 |
| 빨리 포기하는 것도 재능이다 | 92 |
| 무덤이 100개면 묘비가 100개다 | 93 |
| 선물은 실용과 가성비랑 거리가 멀어야 한다 | 94 |
| 너는 잠시 쉰다고 생각하겠지만 그건 게으름이란다 | 95 |
| 누구나 실수는 할 수 있지만 두 번 할 필요는 없다 | 96 |
| 비싸도 이유가 있으면 괜찮다 | 97 |

## III. 인간에 대하여 [ 99 ]

| | |
|---|---|
| 기쁨을 나누면 절반. 슬픔을 나누면 두배 | 100 |
| 성격, 운전 습관, 주사, 잠버릇, 성적 취향, 지능, 도덕은<br>뇌에서 별개의 영역을 담당하고 있다 | 101 |
| 포기하면 편해 | 102 |

| | |
|---|---|
| 사람을 조지려면 어설프게 말고 확실하게 조져야 된다 | 103 |
| 다 잘 될 거야<br>이딴 생각은 문제를 해결하는데 아무 도움이 되지 않는다 | 104 |
| 잘못했을 때 잘못했다 하지않으면<br>나중에 용서받지 못한다 | 105 |
| 봉황이 굳이 참새의 뜻까지 알아야 합니까 | 106 |
| 한국 사람들은 냉정한 현실을 지적하면<br>악담이다, 저주다 하는 경향이 있다 | 107 |
| 나방이 될지 나비가 될지 까봐야 안다 | 108 |
| 칭찬은 즉시 해야 하고 비판은 좀 있다 해야한다 | 109 |
| 자기 객관화는 피검사 같은 것이다 | 110 |
| 감성과 낭만은 인간 고유의 것이다 | 111 |
| '저 새끼는 진짜다.' 라는 생각이 들게 해야 한다 | 112 |
| 구석기 시대에 정치질은 했을거야. 우가우가 이러면서 | 113 |
| 첫 만남에 외모 아니면 뭘로 평가하나 | 114 |
| 용서와 이해는 인간만이 할 수 있는 감정이다 | 115 |
| 데카르트는 하나를 빼먹었다 | 116 |
| 사랑할 땐 효율과 합리를 멀리 하라 | 117 |
| 사람이 좋으면 다른건 다 별로다 | 118 |
| 마음이 변한다는 사실이 변하지 않는 사실이다 | 119 |
| 우리 머리를 직렬로 연결해도 안 되는건 안 된다 | 120 |
| 사람을 잊는 데 분노나 증오 만한 것이 없다 | 121 |

| | |
|---|---|
| 누군가가 조건 없이 나를 사랑해준다는 것은<br>굉장히 고맙고 감사한 일이다 | 122 |
| 스스로를 믿으세요? | 123 |
| 영원하고 싶지만 영원할 수 없는걸 알기에 영원을 노래한다 | 124 |
| 도덕과 합리를 동시에 추구하기는 어렵다 | 125 |
| 어른이라고 옳은 결정을 한다면<br>정치인은 전부 100살이 넘어야 한다 | 126 |
| 노말이 유니크다 | 127 |
| 술로 달래질 아픔이라면 아프지 않은 것과 같다 | 128 |
| 아무 것도 잃기 싫다면 아무것도 안가져야 한다 | 129 |
| 감정 쓰레기통 같은거 만들지 마라 | 130 |
| 배부른 돼지가 부러울 때가 있다면 지금 성장하고 있단 말이다 | 131 |
| 먹고 살만해야 추억이 생긴다 | 132 |
| 희망과 이익은 최대한 보수적으로 잡아야한다 | 133 |
| 서로 반대되는 것들도 동시에 존재할 수 있다 | 134 |
| 눈이 낮으면 살기는 편하다 | 135 |
| 가끔 사랑이 뭔지 모르고 살 때로 돌아가고 싶을 때가 있다 | 136 |
| 슬퍼하고 있기엔 세상이 너무 잘 돌아 간다 | 137 |
| 어느 사랑이나 다 이쁘다. 사람이 이쁘냐가 문제지 | 138 |

# IV. 공부에 대하여 [ 139 ]

고졸 미만은 자유와 평등을 누릴 자격이 없다 — 140

지금 강남 사거리에 벌거벗고 누워봐야 자막 뉴스다 — 141

문과가 돈을 많이 버는 방법은 부모님이 많이 벌면 된다 — 142

수시버리고 정시판다는 놈 치고 수능 잘치는 놈 못봤다 — 143

학생과 테러리스트의 공통점은 협상은 없다는 점이다 — 144

출제자의 의도를 파악해야 하는데 왜 맨날 의도에 부합하냐 — 145

맨날 시험을 망쳤다하면
망치는게 일반적인거니까 망쳤다고 할 수 있냐 — 146

밑 빠진 독에 물을 채우는 방법은
빠지는거 보다 더 많이 부으면 된다 — 147

지방 작은 대학에 학원 안다닌 사람은 없다
서울대에 학원 안다닌 사람은 많다 — 148

대학에서 벚꽃 볼래 재종에서 벚꽃 볼래 — 149

그렇게 한숨 쉬어서는 땅이 꺼지지 않는다 — 150

대학 가면 용돈 100만원씩 받아도 학원비보다 싸다 — 151

칭찬이 부족해서 공부를 못하는게 아니다 — 152

공부하는데 거창한 이유 찾지 마라. 남이 하니까 하는거지 — 153

동기부여 같은 소리하지 말고 일단 시작하고 얘기하자 — 154

세상에 1등도 꼴찌도 필요하지만 니가 꼴지일 필요는 없다 — 155

발등에 불 떨어졌을때 하지 않으면 나중에 발목으로 걸어다닌다　156

이것저것 다 따지면 아무것도 못한다　157

니가 네이버 블로그를 긁을 때 누군가는 영어 논문을 읽고 있다　158

고치면 틀리고 안고치면 틀린다　159

결혼 정보 회사에서 등급을 매기는 것 중
바꿀 수 있는 것은 학력과 연봉 뿐이다　160

여러분들 미래 월급으로는 지금 살고 있는 집을 살 수 없다　161

I

현실에 대하여

# 일이 술술 잘 풀린다는건
# 뭔가 잘못되었단 얘기다

인생의 디폴트 값은 꼬여 있다. 그러니 뭔가 잘 되어 간다면 뭔가 잘못 되었단 이야기다. 일이 잘 될 때가 제일 무섭고, 제일 경계해야 할 때다. 다음으로는 기분이 좋을 때도 위험하다.

## 학연, 지연, 혈연을 비판하는 사람은
## 그게 없는 사람들이다

나는 학연도, 지연도, 혈연도 갖고 태어난 것이 없다. 그러나 있으면 써야 한다. 타고난 것도 재능이고 재산이다. 나는 써보고 싶었다.

## 뱀 머리보다는 용 꼬리가 낫다

 뱀 머리는 커봐야 큰 뱀 머리고, 용 꼬리는 잘 크면 작더라도 용 머리가 된다. 다만 뱀 꼬리로 태어났다면 뱀 머리를 노려라.

## 우연에 의미 부여좀 하지마라

갓 사귄 연인과 알고보니 같은 유치원을 나왔느니, 같은 시기에 같은 곳으로 여행을 갔었다는 둥 우린 운명이야 같은 소리좀 하지마라. 우연이란 것은 사실의 나열 중 낮은 확률로 일어난 일을 포장하는 용어일 뿐이며, 우리가 거기에 긍정적 의미 부여를 하는 것에 불과하다. 다만 친해지고 싶은 사람에게 접근할 땐 좋은 방법이다.

## 내가 무언가 특출난 능력이 있는데
## 세상이 날 몰라준다, 시기를 잘못탔다
## 이딴 생각은 버려야 된다

    우리는 세상에서 아주 먼지같은 존재며, 세상을 돌아가게 하는 한 개의 톱니바퀴긴 한데 혼자 헛돌고 있을걸. 나 없어도 세상은 잘 돌아간다. 특출난 능력이 있으면 세상이 먼저 알아채고 다가온다.

## 우린 녹색 쭈구렁 완두콩이에요

유전 형질을 뛰어넘으려면 어마어마한 노력이 필요하다. 근데 노력도 재능이다. 그러나 일단 해라.

## 정당한 대가를 받으려면
## 꽤 오래 부당하게 일해야 한다

세상이 뭘 믿고 너에게 많은 돈을 주겠냐. 자리 잡고 인정받으려면 시간도 꽤 걸리고, 많은 부당함(이를테면 열정페이 같은)이 기다리고 있다. 그러나 세상이 그렇다. 성공하면 그 부당했던 과거를 (보통 돈으로) 돌려받을 수 있다.

# 워라밸, 욜로를 하는 놈들이 많을수록
# 내가 살아남을 확률이 높아진다

 

주변 음식점 사장들이 전부 에드워드 리, 이연복, 고든 램지 같으면 동네 식당 사장들은 다 굶어 죽는다. 모자란 놈들이 많아야 내가 더 살아남기 쉽다.

## 세상이 왜
## 널 배려하고 챙겨 줘야 되냐

니가 어떤 상황이고, 어떤 악조건을 가지고 있고, 이래서 안되고, 저래서 안되고 해봐야 안타깝지만 세상은 널 배려해주지 않는다. 인간성은 평등할지 몰라도 각 인간이 처해 있는 상황은 평등하지 않다. 하지만 그걸 넘어서야 한다.

다음 세상에 태어나면
미국 백인 부잣집 외동딸의
고양이로 태어나고 싶다

대신 한 마리만 키워야 한다.

# 1936년 베를린 올림픽 마라톤에서 3등도 조선인이었다

 손기정 옹이 금메달을 딴 것만 기억하지, 남승룡 옹이 동메달 딴 건 아무도 기억을 못한다. 1등만 기억하는 (더러운) 세상. 그러니 1등이 되어라.

## 가족이라고 다 챙길 순 없다

　가족을 위해 본인의 모든 것을 희생할 필요는 없다. 살 수 있는 사람은 살아야 한다.

## 우물 안 개구리도
## 자기가 우물 안인지 모르면 괜찮다

세상 넓은 줄 모르고 동네에서 1등으로 사는 것도 나쁘지 않다.

## 내 마음대로 안되는게
## 내 마음대로 된다

뭐든지 내 마음대로 되는 건 없다. 내 마음대로 되는 순간 뭔가 잘못 된거다. 긴장해라.

## 역사를 20년 공부하고 깨달은 세 가지

첫째, 중도파는 죽는다.

둘째, 높은 양반들이 하는 말을 다 믿지 마라.

셋째, 예나 지금이나 사람 사는거 별 차이 없다.

## 인연에 집착하지 말라
## 하지만 노력은 하라

친하게 지내고 싶은 사람이 있다면 친하게 지내려 노력하라. 그러나 뜻대로 되지 않음에 실망하지 마라. 그리고 집착하지 마라.

## 인맥은 행정을 능가한다.

대학 병원의 의사보다, 행정실 직원을 알아야 입원을 빨리 할 수 있다.

# 네가 받은 고통과 슬픔은
# 네가 용서 안하면 누가 하나

전생에 니가 준 고통과 슬픔을 이번 생에 받았다고 생각해라. 여기서 번뇌와 집착을 끊지 않으면 다음 생에 또 주고받게 된다.

## 조언은 대체로
## 지나고 나서야 그 진의를 깨닫는다

근데 진의를 깨달을 땐 대체로 늦었다. 그런데 늦었다면 가만히 있을텐가? 늦어도 시작하라.

# 정치인들은
# 우리를 생각해주지 않는다

 빨간 당이냐 파란 당이냐에 따라 경제가 좋아지고 서민의 삶이 나아질 거라고 생각하는가? 저 사람들은 우리한테 관심이 없다. 왜 기대를 하는가. 기대하지 말고 살아남아라.

## 보통 안좋은 일은
## 한번에 다 일어난다

최악이라는 생각이 들 땐, 아직 무언가가 남아있다. 꼭대기에서 1층까지 떨어졌는가? 밑에 아직 층수를 모르는 지하 주차장이 있다.

## 다 이길 순 없다

때로는 전략적으로 2등을 선택하는게 현실적일 때도 있다. 재능과 노력을 동시에 가진 사람은 이기기 쉽지 않다.

## 오늘의 네가 제일 싱싱하다

'오늘이 제일 젊은 날.'이라는 문구를 보았다. 지나고 나서 '그때가 좋았지.'가 아닌, '그때라도 해서 다행이야.'가 되어야 한다.

## 손절은 필요 없는 사람이 아니라
## 해가 되는 사람을 하는거다

필요 없는 사람은 언젠가 필요한 사람이 될 수 있다. 그런데 해가 되는 사람은 언젠가 반드시 해가 된다.

## 정의가 승리하긴 하는데 언제일진 모른다

정의를 증명하기엔 돈과 시간이 꽤 많이 든다. 그래서, 증명하고 나면 당사자가 없는 경우도 있다.

# 불 구경, 싸움 구경이 재밌긴 한데
# 내가 주인공이 될 필요는 없다

불륜 썰을 들으면 됐지 내가 불륜까지 할 필요는 없다.

인생이란 그런 것
내 맘대로 되는건 없다는 것
나도 예외는 아니라는 것



그러하다.

# 어려운 일이 대부분 옳은 일이다

어려운 일일수록 더 마음을 굳게 먹고 해야 한다. 쉬운 것만 택하면 나중에 많은 것을 잃거나, 아무 것도 가질 수 없다.

# 책임감과 사명감
# 굉장히 싸거나 비싸거나

본인이 느끼는 책임감과 사명감은 실제로 그 값어치가 얼마 안되는 경우가 많다. 쓸데 없는 곳에 책임감 가지지 마라.

## 가장 힘들 때 해놓은 일이
## 나중에 가장 크게 도움이 된다

내 삶을 쥐어짜며 겨우 겨우 해놓은 일이, 나중에 정말 크게 돌아온다. 근데 언제 올지는 모른다.

## 마르크스도 금수저 집안에 태어났다

　사유재산 철폐와 생산수단 공유를 주장한 마르크스도 금수저 출신이다. 물론 낭비벽이 심해 몇 번 파산했다.

**여유 없는 쪽이 진다**

 없는 쪽이 먼저 머리 숙이게 되어 있다. 포커 판에서 가끔 뻥카가 먹히는 이유가 있다.

# 세상은
## 생각보다 비효율적으로, 비합리적으로 돌아간다

살다보면, '아니 이게 아직까지?' 라는 생각이 꽤 자주 든다. 그리고 그 간극에 기회가 가끔 있다.

# 나이를 먹는다는 것은
# 오롯이 자기 일에 책임을 지는 것이다

어렸을 때 사고를 치면 부모가 책임져준다. 회사에서 사고 치면 본인이 사표를 쓰고 손해배상을 해야 한다.

## 늦을수록
## 지금보다 더 많은 것을 포기해야 한다

많기만 하겠냐. 질적으로도 더 크게 포기해야 한다. 지금 시작해야 가장 적게 포기할 수 있다.

## 중요하지 않은 때가 어딨냐

학교 다닐 때 몇 학년이 중요하다, 몇 학년 여름 방학이 중요하다 하는데 중요하지 않은 때는 없다.

## 어릴 땐 이성한테 무릎 꿇어도 된다

정말 사랑하는 사람의 마음을 되돌리기 위해 무릎까지 꿇을 수 있다면, 최대한 젊은 나이에 한 번 정도 꿇어보기를 추천한다. 단, 대부분 실패한다.

## 무소유를 존경은 하지만 나는 안된다

우리는 노자, 장자가 아니라서 여유로운 삶을 누릴 정도는 소유해야 한다.

성공에 대하여

## 노력한다고 다 잘되면
## 대한민국에 전부 손흥민이랑 김연아겠지

노력과 성공에 인과 관계는 없다. 다만, 성공한 사람은 모두 노력했다. 노력은 성공의 필요조건이다. 원래는 손흥민이 아닌 박지성이었는데, 시간이 흐르다보니 요즘 사람들에겐 손흥민이 나을 듯 하여 바꿨다. 이 책이 계속 재판되서 다른 인물로 바꿔 썼으면 좋겠다.

세상이 공평하다는 것은
소수의 성공한 사람들이
대중을 선동할때 하는 말이다

세상은 절대 공평하지 않다. 눈에 안보인다고 없는게 아니다.

## 돈으로 다 되는건 아니지만 거의 다 된다

 사랑 같은 것은 잘 안된다. 그러나 가끔 돈으로 되는 사랑도 있다. 내가 한 말은 아니지만, '돈으로 안된다면 돈이 부족하지는 않은가 생각해보세요.'라는 말이 있다. 안타깝게도 나는, 돈으로 얻은 사랑과 진짜 사랑을 구별할 줄 아는 정도의 지능을 가지고 있다.

# 명절에 선물을 많이 받는 사람이 되세요

이것이야 말로 사회적, 경제적 지위가 높다는 증거 아닌가.

## 아프면 성장이라도 해야 덜 억울하다

사람이 안 아프고 살 순 없다. 아팠다면, 다음에 아프지 않기 위해 교훈을 얻고 성장해라. 그래야 덜 억울하다.

## 돈만큼 가치 중립적인 것이 없다

나쁜 돈은 없다. 인간의 욕심이 상대적인거지.

## 위로 올라갈수록 고독하다

내가 하는 일이 전부 처음이고, 어디 물어볼 곳도 없고 할 때가 올거다. '승자는 적이, 패자는 친구가 많다.'라는 세이노의 말이 참 좋다. 견뎌라.

# 자만하지 않는다는 것이
# 자만하는 것이다

 

그냥 '나는 자만하고 있구나, 오늘도 자만하지 않도록 노력해야지.'라고 매일 생각하라.

## 어렵다 하면 가만 있을거냐

 방법을 찾아서 계속 시도하라. 수정되는 정자는 하나밖에 없지만(가끔 여러 개), 모든 정자가 안될거라 생각하고 있으면 아무도 수정되지 않는다. 될지 안될지는 모르지만, 수정된 정자는 헤엄친 정자다.

## 맛집이라 해서
## 누구나 다 맛있다고 하진 않는다

모든 이들의 니즈를 충족할 수 없다. 맛집이란 많은 사람들의 입맛을 충족시키는거지, 모든 사람의 입맛을 충족시키는 곳이 아니다. 예수님과 부처님도 세상에 안티가 많다.

# 내가 성공할지, 실패할지는 이미 정해져 있다
# 근데 우린 그걸 모른다
# 그럼 가만히 있을텐가?

선배님들에 비하면 얼마 안되지만, 이만큼 살고 나니 '진인사대천명'의 뜻이 무엇인지 알았다. 운명이 있다고 믿는데 운명이 없는것도 본인 운명이고, 운명이 없다고 믿는데 운명이 있는 것도 본인 운명이다. 스피노자는 그래서 한 그루 사과나무를 심겠다던 것이다.

## 돈에 귀천은 없다

그냥 귀하다. 천한 돈은 없다. 부자의 10만원이나 가난한 자의 10만원이나 둘 다 귀하다. 부자의 돈이라고 쉽게 쓰려 하지 마라.

이성적으로 행동하면 욕을 먹고
감정적으로 행동하면 일을 그르친다

근데 욕을 먹는게 낫다.

## 실패의 책임에 대한 각오는 실제보다 부족하다

뭘 예상해도 예상대로 안되고, 생각보다 더 잘 안된다. 그리고 오는 책임과 고통과 슬픔은 예상보다 더 크다.

## 니 같으면 다 가르쳐 주겠냐

들으면 월 1000만원을 벌 수 있는, 따라만 해도 수 백 만 원을 벌 수 있다는 이런 책과 강의들. 너라면 다 가르쳐 주 겠냐.

## 조공을 바치려면 티나는걸로

샴푸 세트 보다는 한우 세트가 기억에 남는다.

## 학연, 혈연, 지연 중에
## 혈연이 제일 쎄다

학연과 지연이 끈적하다고 혈연을 넘보지 마라. 혈연은 넘어설 수 없다.

## 우리는 온실 속 잡초다

바깥 세상 잡초는 강인하고 끈질긴 생명력이라도 있지, 너는 뭐하고 있냐.

## 완벽한 계획은 없다
## 적당히 되면 시작하라

 어느 계획에서든 변수는 생기기 마련이다. 적당한 계획이 세워지면 시작해서 변수에 유연히 대처하라. 그러려면 우선 시작해야 한다.

## 부자의 곁에 있으라 하는데
## 부자는 왜 널 곁에 두어야 하는가?

부자의 곁에 있고 싶으면, 먼저 부자가 필요로 하는 사람이 되어라. 뭘 필요로 하는지 찾아내는 것도 재능이다.

# 안 될 놈은 남 탓을 하고
# 잘 될 놈은 남 덕을 칭찬한다

그리고 발전이 없다. 다 네 탓이다.

## 결과가 있어야 과정이 빛이 난다

하루 15시간 공부해서, 서울대에 합격하면 '넌 역시 독한 놈이야.'라는 말이 나온다. 엉뚱한 곳에 가면...?

## 워라밸은
## 성공한 후에 운운하는 것이다

　빨리 성공하고 싶으면 성장하는 동안 워라밸이 0에 수렴해야 한다. 워크/라이프 = 100/0 = 0. 근데 해보니까 사람이 할 짓은 아니고, 저게 되려면 애인이 없거나, 이해심이 많거나 혼자 살아야 한다.

## 공개된 정보는 정보가 아니다

 유튜브, TV 방송에서 들은 정보는 '대구는 여름에 많이 덥다.' 수준의 정보다. 정확하고 필요한 정보는 쉽게 얻을 수 없다.

배울려면 빨리

실패해 보려면 빨리

아파보는 것도 빨리

앞을 보면 시간이 안가지만, 뒤를 돌아보면 시간이 잘 간다. 뭐든지 빨리 해봐야 성장이 빠르다. 예방접종도 어릴 때 해야 효과가 좋다.

## 최고의 재테크는
## 돈을 많이 버는 것이다

그냥 많이 벌면 재테크 안해도 된다. 부족하니까 재테크 하는 것이다.

## 남들이 하지 않는 것을 해야한다

레드 오션에서 살아 남기가 쉽지 않다. 세상에 재능 많은 사람들이 너무 많다. 근데 남들이 하지 않는덴 또 이유가 있다.

## 빨리할 수 있는 일은
## 돈 쓰는거랑 망하는거 밖에 없다

시간이라는 어마어마한 것을 들이지 않고 왜 큰 것을 바라는가?

## 돈이 많으면 실패 좀 해도 된다

돈이란 것은 재도전의 기회를 준다. 다만, 성공에 대한 의지는 조금 깎아 먹는 듯 하다. 그래도 재도전 할 수 있는 것이 훨씬 낫다.

## 본질을 잊지 마라

김밥천국의 본질은 싸고 다양한 음식이고, 오마카세의 본질은 비싸고 적은 음식이다. 김밥천국가서 왜 냉동 돈까스 튀겨오냐고 좀 하지마라.

## 효율을 위한 비효율이 있어야 한다

효율은 굉장히 중요하지만, 효율을 높이기 위해서는 과정적 비효율이 필요하다. 과정적 비효율을 단순한 비효율로 치부하면 최종적으로 효율이 높아지지 않는다. 근데 요즘은 이 과정적 비효율 없이 효율을 내려 하는 사람들이 많다.

꽃이 진 후에 봄인줄 알았으면
내년 봄도 마냥 기다리기만 할텐가?

가만히 있으면 내년도 꽃이 져야 봄인줄 안다. 봄을 맞이할 준비는 언제 할텐가?

## 빨리 포기하는 것도 재능이다

안될 것 같으면 빨리 포기하고, 다른 걸 해야한다. 이걸 나는 메타인지라고 부른다. 근데 대부분 안해보고 포기한다.

## 무덤이 100개면 묘비가 100개다

핑계 없는 사람은 없다. 핑계 좀 대지 마라.

## 선물은
## 실용과 가성비랑 거리가 멀어야 한다

같은 향수를 사줘도 코스트코에서 사주는 거 보다, 돈 조금 더 주고 백화점가서 눈 앞에서 사주는 것이 상대방의 호감을 더 쉽게 산다.

## 너는 잠시 쉰다고 생각하겠지만
## 그건 게으름이란다

'열심히' 라는 수식어는 스스로 붙이는 것이 아니다. 남이 붙여줘야 진짜다.

## 누구나 실수는 할 수 있지만
## 두 번 할 필요는 없다

같은 실수를 했다면, 나아지지 않은 것이다. 반성해라.

## 비싸도 이유가 있으면 괜찮다

비싼 값어치를 하면 지갑은 열린다. 받는 것보다 조금 더 주면 된다.

인생에 대하여

**기쁨을 나누면 절반
슬픔을 나누면 두배**

대부분의 사람들은 네 기쁨에 크게 관심이 없다. 너의 슬픈 일에 관심이 많다. 재밌거든.

# 성격, 운전 습관, 주사, 잠버릇, 성적 취향, 지능, 도덕은 뇌에서 별개의 영역을 담당하고 있다

　공부를 잘 하니까 저 사람은 애인에게도 잘 해줄거야, 성격이 좋으니까 주사가 없을거야 같은 생각을 하는데, 이런 것들은 서로 상관 관계가 없다. 학력 낮으면 전부 마누라 때리고, 공부를 잘하면 음주 운전을 하지 않는가? 우리는 누군가를 볼 때 하나의 영역을 다른 영역과 동일시하려는 경향이 있다.

## 포기하면 편해

물론 니가 힘들다는 생각을 포기해. 한국 말은 끝까지 들어야 한다. 힘들다는 생각을 하든 말든 힘든건 매 한가지다. 그럼 굳이 생각까지 힘들어야 하는가?

## 사람을 조지려면
## 어설프게 말고 확실하게 조져야 된다

어설프게 조지면 복수를 꿈꾸거나 기어 오른다. 뭐든지 확실해야 한다.

# 다 잘 될 거야
## 이딴 생각은 문제를 해결하는데
## 아무 도움이 되지 않는다

꼭 아무것도 안하는 사람들이 '다 잘될거야.'라고 희망 고문하고 있다. 잘되고 싶으면 뭐라도 시작해라. 앉아서 기도만 하는 것보단 노력하며 기도하는 편이 더 낫다.

# 잘못했을 때 잘못했다 하지않으면
# 나중에 용서받지 못한다

용서를 구할 때 자존심은 필요없다. 잘못했다면 용서를 구해야 하는 것이고, 이걸 그냥 넘어가버리면 언젠가 쌓여서 터진다. 문제가 있다면 작을 때(최대한 빨리) 해결해야 한다.

## 봉황이
## 굳이 참새의 뜻까지 알아야 합니까

주변의 시선과 이야기를 다 들어야 할 필요도 없고, 들어 줄 필요도 없다. 봉황이 참새까지 챙겨 줄 필요는 없다.

한국 사람들은 냉정한 현실을 지적하면
악담이다, 저주다 하는 경향이 있다

냉정한 현실을 지적해 주는 사람이 주변에 있다는 것에 고마워하라. 그리고 그 지적을 바탕으로 더 나아가라.

## 나방이 될지 나비가 될지 까봐야 안다

안타깝지만 대부분 나방이 된다. 그래도 모르니 일단 번데기라도 만들어 보자.

## 칭찬은 즉시 해야 하고
## 비판은 좀 있다 해야한다

 

칭찬은 들으면 즐겁다. 그러나 비판을 들어서 기분 좋은 사람은 잘 없다. 그때의 감정을 좀 누그려뜨려라.

## 자기 객관화는 피검사 같은 것이다

　내가 어떤 영양소(재능)가 많은지 적은지 판단되어야 의사의 정확한 진단이 가능하다. 적으면 먹고(노력하고), 많으면 살려라.

## 감성과 낭만은
## 인간 고유의 것이다

 한번 사는 인생 감성있게, 낭만있게 살아봐야 하지 않겠는가. 가끔 감성과 낭만있었던 과거를 생각하면 즐겁다.

## '저 새끼는 진짜다.'
## 라는 생각이 들게 해야 한다

    그래야 감히 건들지 않는다. 독해져라. 미쳐야 미친다고 했다.

# 구석기 시대에 정치질은 했을거야
## 우가우가 이러면서

 

정치질이 없으려면 인류가 2명만 있어야 한다. 정치질도 재능이다. 없으면 정치질 잘 하는 사람과 친하게 지내야 한다. 또는 그런 사람을 압도하면 된다.

## 첫 만남에 외모 아니면 뭘로 평가하냐

그래서 항상 깔끔하게 다녀야 한다. 됨됨이로 첫 인상을 극복하기가 쉽지 않다.

## 용서와 이해는
## 인간만이 할 수 있는 감정이다

똑같이 하면 똑같은 사람이다. 그런데 가끔 똑같이 해줘야 하는 경우가 있긴 하다.

## 데카르트는 하나를 빼먹었다

 '나는 생각한다, 고로 존재한다.'는 명언을 남긴 데카르트도 한 가지 간과한 것이 있는 듯 하다. 내 생각이 잘못되었을 수도 있다. 존재 하는 것은 사실이 맞는데, 내 생각이 옳은지는 모른다.

# 사랑할 땐 효율과 합리를 멀리 하라

 데이트를 중간에서 만나면 효율적인데, 집까지 왔다 갔다 하면 시간이 많이 걸리는데, 이런 생각을 버려라. 사랑의 과정은 합리적 선택을 하면 매몰 비용이 되어버리는 경우가 많다.

## 사람이 좋으면 다른건 다 별로다

'사람은 좋아.'는 진짜 사람만 좋다는 얘기다. '좋은 사람'을 곁에 두어봐야 남만 좋다.

## 마음이 변한다는 사실이 변하지 않는 사실이다

세상에 변하지 않는 것은 없다. 다만, 오래 변하지 않을 것을 찾아라. 그리고 그것을 가질 자격을 갖춰라. 그리고 보답하라.

## 우리 머리를 직렬로 연결해도
## 안 되는건 안 된다

내 머리 10개를 직렬로 연결한다고 해서 미적분을 만들고 상대성 이론을 세울 수 있을까? 안 되는건 안 된다.

## 사람을 잊는 데 분노나 증오 만한 것이 없다

다만 잊었다면, 시간으로 숙성시켜 인정, 용서, 기원으로 승화시키는 것이 좋다. 다음 생에 똑같은 일을 또 당하기 싫다면 말이다.

**누군가가 조건 없이 나를 사랑해준다는 것은
굉장히 고맙고 감사한 일이다**

사랑 받음에 감사하라. 그리고 보답하라. 근데 나이를 먹을수록 잘 없다.

## 스스로를 믿으세요?

스스로도 못 믿는데 남은 어떻게 믿으세요?

**영원하고 싶지만**

**영원할 수 없는걸 알기에**

**영원을 노래한다**

사랑에 빠지면서 헤어짐을 생각하는 사람은 없다.

## 도덕과 합리를 동시에 추구하기는 어렵다

먹고 살만하면 도덕을 따르고, 먹고 살아야 한다면 합리를 따르라.

# 어른이라고 옳은 결정을 한다면
# 정치인은 전부 100살이 넘어야 한다

어른은 실수할 확률이 적은 사람들이지, 항상 옳은 일을 하는 건 아니다. 그리고 어른 말도 가려서 들어야 한다. 근데 가려서 들으랬지 다 듣지 마라고는 안했다.

## 노말이 유니크다

모든 것이 무난한 사람은 없다. 다 흠이 있다. 내가 수용할 수 있을 만한 흠이면 참든지 깎든지 해라.

## 술로 달래질 아픔이라면
## 아프지 않은 것과 같다

고작 술 따위로 잊혀질 아픔이라면, 술에 의존하지 않더라도 참아낼 수 있다.

## 아무 것도 잃기 싫다면
## 아무것도 안가져야 한다

고작 토끼 두 마리라도 다 못잡는 경우가 많다. 선택에는 기회 비용과 매몰 비용이 존재한다. 이별이 싫으면 사랑하지 않으면 된다.

## 감정 쓰레기통 같은거 만들지 마라

 화가 나는가? 슬픈가? 쓸데없이 모아서 감정 쓰레기통에 버리려 하지 말고, 생길 때마다 흘려 보내라. 기분 나쁘거나 슬픈 생각을 계속 가지고 있으면 본인에게 어떤 이득이 되는가?

# 배부른 돼지가 부러울 때가 있다면
# 지금 성장하고 있단 말이다

밥 주고 재워 주고 예방접종 해주고 죽을 때도 찰나에 보내주는 돼지가 부럽다면, 너는 성장하고 있다는 것이다.

## 먹고 살만해야 추억이 생긴다

조선 후기에 문화가 발전한 이유는 서민의 경제력이 향상됐기 때문이다.

## 희망과 이익은
## 최대한 보수적으로 잡아야한다

희망과 이익은 항상 예상한 것만큼 나오지 않는다. 희망과 이익은 최소로 잡아야 한다. 맥스로 잡으면 보통 망한다.

## 서로 반대되는 것들도 동시에 존재할 수 있다

애증(愛憎).

## 눈이 낮으면 살기는 편하다

아무거나 줘도 잘 먹는 사람은 어딜가도 맛집이다.

## 가끔 사랑이 뭔지 모르고 살 때로
## 돌아가고 싶을 때가 있다

그렇다면 당신은 눈물나게 행복한 사랑을 해본 것이다.
다음 사랑이 눈물나게 행복할지 아닐진 모르겠지만 힘내라.

# 슬퍼하고 있기엔
# 세상이 너무 잘 돌아 간다

속상한가? 슬픈가? 오늘 하지 않은 일은 내일로 미뤄질 뿐이며, 성장하지 않는 너는 똑같은 일로 아플 것이다.

어느 사랑이나 다 이쁘다
사람이 이쁘냐가 문제지

읽히는 그대로.

# IV

공부에 대하여

## 고졸 미만은
## 자유와 평등을 누릴 자격이 없다

근데 고졸 이상이라고 또 다 자유와 평등을 누릴 자격이 있는건 아니다.

# 지금 강남 사거리에 벌거벗고 누워봐야 자막 뉴스다

서울대 학생이 눕는다면? PD수첩에 나온다. '무엇이 그를 분노케 하였는가!'

## 문과가 돈을 많이 버는 방법은
## 부모님이 많이 벌면 된다

또는 유튜버가 되면 된다. 근데 직업 소멸의 속도는 이과가 빠르다고 한다. 뭘 해야되지.

## 수시버리고 정시판다는 놈 치고
## 수능 잘치는 놈 못봤다

전교생 200명도 못 이기면서, 전국 수험생 40만을 상대하다니. 건방지구나. 가끔 예외가 있는데, 넌 아니다.

# 학생과 테러리스트의 공통점은
# 협상은 없다는 점이다

과제를 협상할 수준이라면 협상을 포기하는게 맞다. 강하게 키워야 험한 세상에 살아남는다.

## 출제자의 의도를 파악해야 하는데
## 왜 맨날 의도에 부합하냐

평가원은 니들이 어떻게 머리를 굴리는지 알고 있다.

## 맨날 시험을 망쳤다하면
## 망치는게 일반적인거니까 망쳤다고 할 수 있냐

맨날 1등급 나오다가 한 번 3등급 나오면 망친거지, 맨날 3등급 나오는데 3등급 나오면 망쳤다고 하냐? 원래 니 위치가 3등급이다. 정신차려라.

밑 빠진 독에 물을 채우는 방법은
빠지는거 보다 더 많이 부으면 된다




질적 승부가 안나면, 차선은 양적 승부다.

지방 작은 대학에 학원 안다닌 사람은 없다
서울대에 학원 안다닌 사람은 많다

성적(또는 성공) = (재능 × 노력) + 운

## 대학에서 벚꽃 볼래
## 재종에서 벚꽃 볼래

재종에서 10시에 마치고 도로에 흩날리는 벚꽃을 보기보다는, 애인의 손을 잡고 사랑을 나누며 캠퍼스 벚나무 밑을 지나가는 것이 백번 낫다.

## 그렇게 한숨 쉬어서는
## 땅이 꺼지지 않는다

니가 한숨 쉴 시간에 누군가는 영어 단어를 3개 외운다.

## 대학 가면
## 용돈 100만원씩 받아도 학원비보다 싸다

국영수사과 학원에 과외, 교재비, 최저 생계비를 더하면, 대학가서 100만원짜리 오피스텔 살면서 용돈 100만원 받는 것이 더 싸다. 원하는 대학을 한번에 가는 것도 효도다.

## 칭찬이 부족해서 공부를 못하는게 아니다

칭찬으로 대학갈거면 전부 서울대를 갔다. 채찍이 부족한 거다. 칭찬은 고래를 춤추게 해줄진 몰라도, 공부는 춤이랑 상관이 없다.

# 공부하는데 거창한 이유 찾지 마라
# 남이 하니까 하는거지

대한민국에 태어났으니까 대학 가려고 공부하지, 무슨 공부하는데 자꾸 거창한 이유 찾으려 하냐. 뉴질랜드 옆에 원주민만 사는 작은 섬에 태어나면 공부 안해도 된다.

## 동기부여 같은 소리하지 말고
## 일단 시작하고 얘기하자

동기부여가 안되는 뇌를 가지고 있는데 왜 자꾸 동기부여를 시도하냐. 동기부여 유튜브 보고 책 읽을 시간에 일단 시작해라. 그러면 다음 길이 열릴 수도 있다. 단, 시작하지 않으면 열리지 않는다.

# 세상에 1등도 꼴찌도 필요하지만
# 니가 꼴지일 필요는 없다

꼴찌의 삶 보단 1등의 삶이 훠어어어어어어얼씬 좋다.

## 발등에 불 떨어졌을때 하지 않으면
## 나중에 발목으로 걸어다닌다

그래도 안하면 발목도 다 타고 무릎으로 기어다닌다. 그 땐 늦었다.

## 이것저것 다 따지면
## 아무것도 못한다

이래서 못해, 저래서 못해 그러면 언제 시작 할텐가?

## 니가 네이버 블로그를 긁을 때
## 누군가는 영어 논문을 읽고 있다

니 딴에 최선인거지. 주변 사람들이 뭘 하는지도 좀 봐라.

## 고치면 틀리고 안고치면 틀린다

그렇다면 처음부터 안 틀리면 된다.

결혼 정보 회사에서 등급을 매기는 것 중
바꿀 수 있는 것은 학력과 연봉 뿐이다

경험담임.

## 여러분들 미래 월급으로는
## 지금 살고 있는 집을 살 수 없다

부모님께 감사해라. 좋은 부모님을 만난 것도 재능이고 복이고 운이다.

# 잘 될거야 같은 소리 하네

초판 1쇄 : 2025년 6월 1일

**지은이**　정각
**발행인**　류채형
**발행처**　도서출판 토끼풀
**등 록**　2024년 6월 10일 (979-11) 990259
**이메일**　zzarrangee@naver.com
**ISBN**　979-11-990259-6-7(03190)

출판사의 허락 없이 무단 복제와 무단 전재를 금합니다.
잘못된 책은 구입처에서 교환해 드립니다.